AF456062

Vente des jeudi 19, vendredi 20 et samedi 21 novembre 1868

COLLECTION DE M. H. L.

OBJETS D'ART

ET

DE CURIOSITÉ

DESSINS — AQUARELLES — TABLEAUX

EXPOSITIONS { *Particulière, le mardi* 17 *novembre*
Publique, le mercredi 18 *novembre*

M. CHARLES PILLET
COMMISSAIRE-PRISEUR

M. CHARLES MANNHEIM
EXPERT

1868

CATALOGUE

DES

OBJETS D'ART

ET DE CURIOSITÉ

DESSINS, AQUARELLES & TABLEAUX

Composant la Collection de M. H. L.

ET DONT LA VENTE AURA LIEU

HOTEL DROUOT, Salle N° 8

Les Jeudi 19,
Vendredi 20 et Samedi 21 Novembre 1868

A DEUX HEURES.

Par le ministère de Me **CHARLES PILLET**, Commissaire-Priseur,
10, rue de la Grange Batelière,

Assisté de M. **Charles MANNHEIM**, Expert, 7, rue Saint-Georges.

Chez lesquels se distribue le Catalogue.

EXPOSITIONS { *PARTICULIÈRE :* le Mardi 17 Novembre 1868,
PUBLIQUE : le Mercredi 18 Novembre 1868,

DE UNE HEURE A CINQ HEURES.

CONDITIONS DE LA VENTE

Elle sera faite au comptant

Les adjudicataires payeront *cinq pour cent* en sus des enchères.

L'exposition mettant le public à même de se rendre compte de l'état des objets, il ne sera admis aucune réclamation une fois l'adjudication prononcée.

---

674. — Paris. Imprimerie de PILLET fils aîné, rue des Grands-Augustins, 5.

ORDRE DES VACATIONS

Le Jeudi 19 Novembre 1868

Sculptures	58	à	71
Armes orientales	72	—	92
Armes occidentales	93	—	108
Bronzes et Cuivres	109	—	130
Objets variés	131	—	158

Le Vendredi 20 Novembre 1868.

Dessins et Aquarelles	185	—	222
Tableaux	223	—	253
Gravures	254	—	260

Le Samedi 21 Novembre 1868.

Porcelaines	1	—	34
Faïences	35	—	57
Meubles	159	—	178
Etoffes	179	—	184

DÉSIGNATION DES OBJETS

Porcelaines

1 — Pot à eau et sa cuvette en ancienne porcelaine de Vincennes, pâte tendre, de forme très-élégante, décoré de festons de fleurs et d'insectes en couleurs, et rehaussé de parties émaillées gros bleu et vert avec riches hachures d'or. Époque Louis XV. Marque à la fleur-de-lys et L ornés.

Collection Berthon.

2 — Pot à eau en ancienne porcelaine à la reine, décoré de myosotis.

3 — Tasse à deux anses avec soucoupe, en ancienne porcelaine de Saxe, décorée d'oiseaux et de fleurs en or.

4 — Deux grosses potiches en ancienne porcelaine du Japon, à décor de fleurs et d'ornements en bleu, rouge et or.

5 — Deux potiches en ancienne porcelaine du Japon, décorées de médaillons renfermant des arbustes et des fleurs;

le fond bleu est rehaussé de fleurs en couleurs. Monture en bronze doré de style rocaille.

6 — Deux potiches à couvercles en porcelaine du Japon, de belle qualité, décorées de médaillons de paysages avec figures émaillés en couleurs, et fond laqué rouge, décoré d'arbustes et de fleurs en relief dorés. Socles en bois sculpté.

Haut., 63 cent.

7 — Deux vases en porcelaine de Chine, modèle balustre, fond rose gravé au trait, et figures d'enfants en relief, émaillées en couleurs.

Haut., 61 cent.

8 — Vase, modèle balustre hexagone, en ancienne porcelaine de Chine, décoré de paysages et de figures émaillés en couleurs.

Haut., 43 cent.

9 — Grosse potiche, de forme ovoïde, en ancienne porcelaine du Japon, décorée de figures dans des paysages, le tout en camaïeu bleu.

Haut., 43 cent.

10 — Coupe ronde à couvercle en ancienne porcelaine de Chine, décorée de fleurs émaillées en couleurs.

Diam., 28 cent.

11 — Plat rond en porcelaine du Japon, décor polychrome à fleurs et ornements.

Diam., 34 cent.

12 — Plat rond en ancienne porcelaine de Chine, décoré de fleurs et d'ornements émaillés en couleurs.

Diam., 35 cent.

13 — Deux petits vases en porcelaine moderne du Japon, décor polychrome.

Haut., 28 cent.

14 — Deux plateaux ronds à bords godronnés, en ancienne porcelaine du Japon, décorés en bleu, rouge, or.

Diam., 25 cent.

15 — Deux vases, modèle bouteille, en ancienne porcelaine du Japon, décorés de fleurs et d'oiseaux en camaïeu bleu.

Haut., 38 cent.

16 — Très-grand plat en porcelaine moderne du Japon, décoré en camaïeu bleu.

Diam., 65 cent.

17 — Deux vases, modèle potiche à couvercle, en porcelaine moderne du Japon, décorés de médaillons de personnages, sur fond couvert de fleurs, le tout émaillé en couleurs.

Haut., 60 cent.

18 — Grand plat rond et creux en porcelaine moderne du Japon, de belle qualité, décor polychrome à médaillons de personnages, et fond couvert de fleurs et d'ornements.

Diam., 65 cent.

19 — Grand plat, décor polychrôme à fleurs, oiseaux et animaux.

Diam., 53 cent.

20 — Deux boîtes, de forme lenticulaire, en porcelaine de Chine, décorés de fleurs et d'ornements émaillés en couleurs, sur fond bleu clair.

Diam , 11 cent.

21 — Vase, modèle gourde, en porcelaine moderne du Japon, décoré de fleurs émaillées en couleurs, sur fond noir, et de médaillons laqués rouge et décors d'or.

Haut., 31 cent.

22 — Deux compotiers ronds, à bords festonnés, en porcelaine moderne du Japon, décor polychrome à fleurs et ornements.

Diam., 20 cent.

23 — Coupe ronde, de même porcelaine, décorée intérieurement et extérieurement de figures et d'ornements émaillés en couleurs. Monture en bois sculpté, découpé à jour, peint en rouge et or.

Diam., 25 cent.

24 — Deux gobelets en porcelaine moderne du Japon, laqués en couleurs et or.

Haut., 10 cent.

25 — Deux vases, forme balustre, en porcelaine de Chine émaillés vert d'eau, à figures dans des paysages réservés en relief, et décorés en camaïeu bleu. Monture en bronze verni.

Haut., 48 cent.

26 — Deux cornets en porcelaine, imitation moderne et française des porcelaines du Japon.

Haut., 48 cent.

27 — Deux vases, modèle balustre et à anses, en porcelaine de Chine, décorés de figures et d'inscriptions émaillées en couleurs.

Haut., 50 cent.

28 — Bouteille à panse ovoïde, en porcelaine du Japon, moderne, à médaillons d'oiseaux et fleurs, et fond rouge à rosaces réservées en couleurs.

Haut., 37 cent.

29 — Plat ovale en porcelaine de Chine, à sujet de personnages émaillé en couleurs, et bordure de fleurs.

Larg., 51 cent.

30-3— Dix plats ronds, de diverses dimensions, en porcelaine du Japon, à décor en camaïeu bleu. Ils seront vendus par lots.

33 — Quatre petits plats longs en porcelaine de Chine, à décor en camaïeu bleu, et médaillons de fleurs en couleurs.

34 — Deux plats ronds, en deux dimensions, en porcelaine du Japon, à décor en bleu, rouge et or.

Faïences

35 — Fabrique d'Urbino. — Grand plat rond décoré d'arabesques et de grotesques au bord et offrant au centre un

*

sujet tiré de l'Ancien Testament. Cadre en bois noir et or.

Diam., 50 cent.

36 — Fabrique de Pesaro. — Beau plat rond à décor à reflets métalliques mordorés, rehaussé de bleu. Il offre au centre une figure de saint Antoine agenouillé, et au bord des palmettes et des ornements. Une banderole porte l'inscription suivante : *Sancte Antonio ora pro nobis.* Cadre en bois sculpté, découpé à jour et rehaussé d'or.

Diam., 44 cent.

37 — Fabrique italienne. — Plat rond décoré d'arabesques en couleurs sur fond blanc et d'une figure de vierge debout. Cadre en bois sculpté, découpé à jour et rehaussé d'or.

Diam., 40 cent.

38 — Fabrique d'Urbino. — Plat rond, décor polychrome ; sujet tiré de l'histoire de Josué.

Diam., 30 cent.

39 — Fabrique de Savone. — Aiguière à panse sphérique surbaissée, décorée de fleurs et d'oiseaux en couleurs sur fond bleu d'empois.

Haut., 26 cent.

40 — Fabrique d'Urbino. — Plat rond décoré en couleurs ; il représente le sujet du Serpent d'airain. Cadre en bois ii or.

Diam., 33 cent.

41 — Plat rond en faïence de Delft, décor en camaïeu bleu. Dans un cadre en bois sculpté, découpé à jour et rehaussé d'or.

Diam., 38 cent.

42 — Vase de forme ovoïde en faïence italienne, décoré d'ornements et d'un médaillon ovale renfermant un buste de saint personnage.

Haut., 36 cent.

43 — Plat rond à bord godronné en faïence allemande, décoré à l'imitation du marbre et portant au fond un écusson armorié en camaïeu bleu.

Diam., 34 cent.

44 — Petite fontaine en faïence; décor polychrome à fleurs; le bec est formé d'une syrène en relief.

Haut., 32 cent.

45 — Très-petit plat en faïence de Nevers, fond bleu de Perse décoré de fleurs émaillées blanc et rehaussées de jaune d'ocre.

Diam., 19 cent.

46 — Petite coupe ronde en faïence de Nevers, fond bleu de Perse, décorée de figures et d'ornements émaillés blanc.

Diam., 21 cent.

47 — Coupe ronde et profonde en faïence de Nevers, fond bleu de Perse, décorée de figures et de rinceaux émaillés blanc.

Diam., 28 cent.

48 — Deux assiettes à bords festonnés en faïence de Nevers, fond bleu de Perse, décorées de fleurs émaillées blanc.

Diam., 23 cent.

49 — Belle jardinière de forme ronde à deux anses enroulées, en faïence de Nevers, fond bleu de Perse marbré de blanc.

Haut. 24 cent.

50 — Broc en faïence de Nevers, fond bleu de Perse, décoré de fleurs émaillées blanc et jaune d'ocre.

Haut., 20 cent.

51 — Très-petite jardinière de forme ronde à deux anses enroulées, en faïence de Nevers, fond bleu de Perse, marbré de blanc.

Haut., 9 cent.

52 — Broc en faïence de Nevers, fond bleu de Perse, décoré de fleurs émaillées blanc.

Haut., 17 cent.

53 — Petit vase à fleurs à panse sphérique, en faïence de Nevers, fond bleu de Perse jaspé d'émail blanc.

Haut., 19 cent.

54 — Pichet à cidre en faïence de Rouen, décor polychrome à fleurs et ornements. Il porte le nom : MARTIN HUREL, 1769.

Haut., 30 cent.

55 — Plat rond en faïence moderne ; imitation de faïence italienne.

Diam., 29 cent.

56 — Autre plat rond en faïence moderne, imitant la faïence italienne.

Diam., 24 cent.

57 — Vase de forme ovoïde en faïence italienne, décoré d'arabesques et de rinceaux avec figure de saint Sébastien dans un médaillon ovale.

Haut., 32 cent.

Sculptures

58 — Terre cuite. — Deux statuettes du temps de Louis XV Louis XIV et le maréchal de Saxe. Collection Berthon.

Haut., 55 cent.

59 — Bois. — Bas-relief représentant la Crèche. Travail du XVIIe siècle. Cadre en bois noir.

Haut. totale, 48 cent.; larg., 41 cent.

60 — Buis. — Rape à tabac offrant sur un de ses côtés le sujet de la Résurrection ainsi que l'inscription suivante : *Je suis à Claude de Cabaza, prestre.*

61 — Ivoire. — Groupe de six figures formant cippe. Travail chinois.

Haut., 7 cent.

62 — Ivoire. — Médaillon ovale, en cuivre doré, renfermant une sculpture à double face, représentant deux saints personnages.

63 — Terre cuite. — Médaillon ovale offrant, en bas-relief, un buste d'homme vu de profil et tourné vers la gauche. Époque Louis XVI. Cadre en bois noir et or.

Haut. totale, 32 cent.; larg., 29 cent.

64 — Terre cuite. — Petits bustes de Voltaire et de J.-J. Rousseau, finement modelés, du temps de Louis XVI. Ils ont été montés sur de petits fûts de colonnes cannelées, ornés de festons de fleurs, aussi en terre cuite.

Haut., 32 cent.

65 — Terre cuite. — Petit groupe, par *A. Carrier* : Jeune femme nue et colombe.

Larg., 25 cent.

66 — Terre cuite. — Autre joli groupe, par *A. Carrier* : Bacchante nue, debout, couronnant de pampres un buste de Bacchus.

Haut., 64 cent.

67 — Terre cuite. — Figurine d'Amour assis sur un œuf, par *Lepère*.

Haut., 30 cent.

68 — Ivoire. — Deux statuettes de femmes debout. Travail moderne. Sur socles en bois noir.

Haut., sans socle, 15 cent.

69 — Cire peinte. — Bas-relief. — Saint personnage en prière. Dans un cadre en bois sculpté et doré. Travail italien, XVIIe siècle.

Haut., 18 cent.

70 — Bambou. — Théière offrant, en haut-relief, des oiseaux et des arbustes. Travail chinois très-curieux.

Haut., 18 cent.

71 — Marbre blanc. — Main de femme, grandeur nature.

Armes orientales

72 — Hache d'armes en damas, à figures et animaux, gravés en relief et ornements damasquinés en or. La hampe en fer renferme une épée. Travail persan.

73 — Hache d'armes analogue à celle qui précède, et lui faisant pendant.

74 — Poignard circassien à lame évidée; poignée et garniture du fourreau en argent niellé.

75 — Couteau à lame en damas damasquiné d'or, et poignée damasquinée d'argent. Travail persan.

76 — Beau brassard en damas à ornements réservés en relief, et arabesques et inscriptions damasquinées en or. Travail persan.

77 — Poignard turc à lame évidée; poignée en morse, teinte en vert, garnie, ainsi que le fourreau, en cuivre gravé.

78 — Sabre afghan à lame droite évidée, richement damasquinée d'argent; poignée en corne garnie en cuivre.

79 — Couteau persan à lame en damas évidée et gravée à fleurs; poignée en morse garnie en fer gravé.

80-81 — Deux kamas à lame cannelée en damas damasquiné en or; l'un a une poignée en morse, garnie en fer, à ornements dorés, et un fourreau en peau de chagrin, garni en argent repoussé à fleurs, oiseaux et ornements; l'autre a une poignée en buffle. Ils seront vendus séparément.

82 — Grand et beau couteau persan à poignée et lame en damas damasquiné en or. La poignée renferme divers ustensiles en fer.

83 — Poignard persan à lame évidée en damas; poignée en ivoire sculpté à figures et inscriptions.

84 — Poignard à lame courbe évidée en damas et à fleurs gravées; poignée en étain gravé.

85 — Poignard à lame en damas; poignée et fourreau en fer bleui et doré, à fleurs et ornements gravés.

86 — Poignard de style oriental à lame en damas gravée à ornements et attributs, et portant les inscriptions suivantes : Coulaux frères, manufacture impériale de Klingenthal. Poignée en buffle; le fourreau en cuivre, gravé et doré. Sur la garde, on lit : Le Page, arquebusier du roi, 1838.

87 — Poignard à lame courbe en damas damasquiné d'or poignée en fer gravé et damasquiné d'or. Fourreau en cuir gaufré.

88 — Fer de lance en damas à douille damasquinée d'or.

89 — Couteau à lame en damas damasquiné d'or; poignée en fer à côtes, à ornements argentés.

90 — Bâton de derviche en bois sculpté, incrusté d'ornements et de filets d'argent.

91 — Sabre persan à lame droite en damas, à filet saillant; poignée en fer gravé, fleurs dorées sur fond bleui.

92 — Sabre à lame droite, en damas, avec serpent évidé, et enrichie d'inscriptions et d'ornements damasquinés en or et en argent. Manche en corne noire.

Armes occidentales

93 — Deux pistolets avec canons et batteries ciselés; les garnitures sont de même travail. XVIIe siècle.

94 — Deux autres pistolets analogues à ceux qui précèdent; les batteries et canons gravés portent les noms : Martin Scholtz à Breslau.

95 — Deux pistolets avec canons gravés et garnitures en cuivre gravé. Epoque Louis XIII.

96 — Deux tromblons dont les canons sont richement incrustés d'argent.

97 — Petit poignard, avec poignée et garde en fer, composés d'ornements gravés et découpés à jour. Travail très-fin.

98 — Petit canon portant, ainsi que l'affût en bronze, des fleurs de lys en relief. Epoque Louis XIII.

99 — Petit couteau à poignée en fer ciselé et nacre de perle. La poignée se termine par un lion assis. Gaîne en galuchat.

100 — Couteau de chasse à poignée et garniture du fourreau en cuivre ciselé et doré. Le fourreau contient un couvert de même métal. Epoque Louis XV.

101 — Paire d'éperons mexicains en cuivre, avec leurs garnitures de cuir gaufré.

102 — Autre paire d'éperons mexicains à larges molettes ; la monture en fer est enrichie de plaques d'argent gravé.

103 — Paire d'éperons en fer du temps de Louis XIII.

104 — Petit couteau corse avec poignée d'ivoire incrustée de nacre.

105-106 — Quatre épées à gardes découpées à jour, dont deux à corbeilles. Elles seront vendues séparément.

107 — Fusil du temps de Louis XV avec garniture en cuivre ciselé et doré, et canon damasquiné d'argent.

108 — Quatre épées de cour et autres, qui seront vendues par lots.

Bronzes et Cuivres de l'Orient

109 — Deux grands et beaux vases modèle balustre, à gorges très-évasées, en bronze, offrant dans toutes leurs parties des figures de divinités montées sur des animaux fantastiques, des attributs variés, des branchages et des animaux en relief sur un fond couvert d'ornements. Belle patine brune. Travail chinois.

Haut., 90 cent.

110 — Kalian en métal, enrichi de fines applications d'argent et tête en cuivre jaune découpé à jour et rehaussé dans certaines parties d'émail noir et de turquoises incrustées.

Haut., 47 cent.

111 — Grand flambeau persan en cuivre gravé à ornements et inscriptions, et garni de deux anses plates découpées à jour.

Haut., 38 cent.

112 — Cornet en bronze à ornements en relief. Travail chinois.

Haut., 25 cent.

113 — Petit vase en métal enrichi d'applications d'argent.

Haut., 21 cent.

114 — Deux flambeaux japonais en bronze. Modèle à trépied.

Haut., 19 cent.

115 — Petite aiguière persane, à anse surélevée servant de récipient, en cuivre gravé à fleurs et bustes.

Haut., 15 cent.

116 — Deux boîtes oblongues en bronze du Tonkin, à animaux dans des paysages sur fond doré.

117 — Belle coupe ronde et profonde en cuivre étamé, entièrement couverte d'ornements et d'inscriptions gravées. Travail persan.

Diam., 32 cent.

118 — Autre coupe ronde, légèrement évasée et à piédouche, en cuivre étamé ; la partie inférieure présente des figures gravées sur un fond orné, et la gorge est couverte d'inscriptions. Travail persan.

Diam., 37 cent.

119 — Bassin en cuivre jaune gravé à fleurs, ornements et inscriptions. Travail persan.

Diam., .

120 — Deux petits vases, modèle bouteille, en métal incrusté d'argent, à fleurs et ornements. Travail de l'Inde.

Haut., 23 cent.

121 — Belle coupe ronde à couvercle en cuivre rouge repoussé, à fleurs et ornements, et bronzée de diverses nuances. Travail chinois.

Diam., 26 cent.

122 — Bassin à anse mobile en cuivre gravé, à ornements et inscriptions. Travail persan.

Diam., 20 cent.

123 — Bassin persan, en cuivre jaune, finement gravé à figures, ornements et inscriptions. Cette pièce a conservé des traces d'incrustation d'argent.

Diam., 22 cent.

124 — Aiguière à panse bursaire et goulot arrondi en cuivre gravé, à fleurs, oiseaux et inscriptions. Travail persan.

Haut., 26 cent.

125 — Éléphant en bronze monté par son cornac; la trompe de l'animal, surélevée, est garnie d'un appendice en forme de fleur, monté à charnière. Travail indien.

Haut., 30 cent.

126 — Deux seaux à anse mobile, en cuivre jaune gravé, à sujets de chasse, fleurs et animaux, et rehaussés d'émail à froid, bleu, rouge et vert. Travail persan.

Haut., 20 cent.

127 — Flambeau persan, en cuivre gravé, rehaussé de parties émaillées à froid, rouge et bleu.

Haut., 22 cent.

128 — Plateau rond et lobé en cuivre gravé et émaillé à froid, rouge, vert et bleu. Travail persan.

Diam., 28 cent.

129 — Deux éléphants en bronze, l'un d'eux monté par un cornac. Travail indien.

130 — Deux coupes en bronze à deux anses, ornées de sujets relief.

Haut., 17 cent.

Objets variés

131 — Horloge de bureau, de forme carrée, à cadran horizontal, en cuivre gravé et doré; les pieds sont formés d'animaux fantastiques en cuivre argenté. XVIIe siècle.

12 — Petit plateau oblong à angles coupés en cuivre émaillé de la Chine, décor de fleurs et d'insectes en couleurs sur fond blanc. Le bord offre des ornements et des fleurs sur fonds variés.

Larg., 29 cent.

133 — Croix du Liban en bois sculpté. Elle offre sur toutes ses faces des sujets en bas-relief, tirés de la vie du Christ.

Haut., 27 cent.

134 — Coffret gothique en fer, à ornements découpés à jour.

Larg., 40 cent.

135 — Plateau ovale à contours en cuivre repoussé et argenté en partie. Il offre au milieu un sujet de bataille, et au bord, des groupes de fruits et des rinceaux.

Larg., 40 cent.

136 — Tableau de forme carré long en hauteur, en cuivre rouge, offrant en relief un sujet de siége de ville; et au bord des trophées d'armes.

Haut., 55 cent. Larg., 36 cent.

137 — Plat ovale en cuivre doré, représentant l'enlèvement de Proserpine au centre, et des fleurs et des rinceaux au bord.

Larg., 54 cent.

138 — Petite pendule de style Louis XVI, en bronze doré au mat; modèle borne; ornée de branches de laurier et surmontée d'un petit vase.

Haut., 32 cent.

139 — Deux flambeaux à deux lumières en cuivre poli, formés d'enroulements.

Haut., 33 cent.

140 — Petit mortier en métal de cloche portant des figures, des têtes de chérubin et des fleurs de lys en relief; XVIe siècle.

141 — Sonnette en cuivre oxydé, portant des figures en relief.

142 — Deux petits groupes en pierre de lard, Chinois et animaux.

143 — Deux verres de Bohême à couvercles, gravés à fleurs et oiseaux.

Haut., 28 cent.

144 — Lanterne avec monture en cuivre et garnie de verre finement gravé à ornements et armoiries.

145 — Lanterne analogue à celle qui précède; celle-ci est de forme aplatie et plus grande.

146 — Écrin renfermant un déjeuner en laque noir du Japon, avec décor d'or. Il se compose d'une théière à lobes, d'une boîte ronde, d'une boîte oblongue, d'un bol, de six tasses avec soucoupes et d'une petite boîte à quatre compartiments.

147 — Belle trousse de médecin, en laque aventuriné du Japon, à figures en relief exécutées en cuivre et rapportées. L'une d'elles représente un bonze, l'autre un personnage portant deux gerbes de blé. Le coulant est formé d'une boule en argent filigrané.

148 — Autre trousse de médecin en laque du Japon à fond d'or, et décorée d'oiseaux.

149 — Trousse analogue à celle qui précède.

150 — Boîte de forme oblongue à angles arrondis, en écaille laquée d'or; elle offre, sur le dessus, une figure de femme dans un paysage.

151 — Boîte analogue à celle qui précède ; celle-ci est décorée d'un paon dont la queue est rehaussée de parties burgautées.

152 — Petit cornet à deux anses, en émail cloisonné à fleurs et ornements en couleur sur fond bleu turquoise.

153 — Boîte à cage, ornée de peinture en grisaille sur fond bleu.

154 — Deux boîtes rondes en écaille, ornées de miniatures.

155 — Montre Louis XV en argent ciselé, ornée d'incrustations d'or de couleur.

156 — Deux pièces en filigrane d'argent : porte-tasse et médaillon.

157 — Deux petits vases vernis à l'imitation du lapis et montures en bronze doré au mat.

158 — Deux petits miroirs gravés, avec cadres en cuivre estampé et doré.

Meubles

159 — Belle table italienne en bois noir, reposant sur quatre pieds et avec entre-jambes à X. Elle est enrichie de belles incrustations d'ivoire gravé représentant des sujets mythologiques, des divinités marines et des arabesques.

Larg., 1 m. 24 cent.

160 — Cabinet italien à trois rangs de tiroirs superposés ornés de moulures d'ébène, et enrichi de peintures sur verre imitant des mosaïques de pierres précieuses.

Larg., 83 cent.

161 — Bureau à dos d'âne et à trois rangs de tiroirs, en marqueterie de bois à fleurs et ornements. Travail flamand.

Larg., 1 m. 11 cent.

162 — Petite toilette, modèle bureau, à compartiments en marqueterie de bois rose et garnitures en bronze doré. Époque Louis XVI.

Larg., 81 cent.

163 — Deux miroirs de forme contournée, avec cadres en bois sculpté et doré. Travail italien.

Haut , 96 cent.; larg., 57 cent.

164 — Table à jouer en marqueterie de bois à fleurs et ornements. Travail hollandais.

Larg., 75 cent.

165 — Petit coffre de forme oblongue, de mêmes style et travail que la pièce qui précède.

Larg., 49 cent.

166 — Petite table à ouvrage en marqueterie de bois de rose, garnie de bronze rocaille.

Larg., 48 cent.

167 — Écran en bois d'acajou orné de bronze doré, et garni de moquette à fleurs et ornements sur fond bleu.

Haut., 1 m. 5 cent.

168 — Petit miroir carré, avec bordure en bois sculpté et doré à fleurs et ornements. Époque Louis XVI.

Haut., 00 cent.

169 — Boîte de forme oblongue en laque aventuriné, décorée de fleurs et d'oiseaux. Travail japonais moderne.

Larg., 37 cent.

170 — Petit cabinet en bois naturel laqué, et à médaillons burgautés à fleurs et oiseaux sur fond noir.

Larg., 30 cent.

171 — Boîte oblongue en laque noir à dessins dorés et aventurinés.

Larg., 50 cent.

172 — Cabinet en laque noir à décor d'or, à deux portes et à tiroirs intérieurs; le dessus, ouvrant à charnière, est en forme de toit.

Haut., 46 cent.; larg., 34 cent.

173 — Table carrée en marqueterie de bois; le dessus est enrichi d'une plaque en laque noir, à décor d'or, représentant un paysage avec oiseaux et animaux.

Larg., 1 m. 04.

174 — Boîte carrée, à couvercle à recouvrement, en laque noir et rinceaux d'or.

Larg., 25 cent.

175 — Pupitre en forme de boîte oblongue en laque noir et décor d'or. Le dessus est décoré d'un oiseau posé sur une branche d'arbre.

Larg., 46 cent.

176 — Petit coffret turc en marqueterie de nacre et d'écaille.

Larg., 30 cent.

177 — Miroir gravé à figures, avec cadre en bois sculpté à ornements rocaille.

Haut., 80 cent.

178 — Miroir cintré, avec cadre carré en bois sculpté et doré, du temps de Louis XIV.

Étoffes

180 — Petit tapis de table, à fleurs et ornements brodés en soie de couleurs sur fond jaune d'or.

181 — Autre tapis de table en cachemire noir, à fleurs et inscriptions brodées en soies de couleurs.

182 — Deux petites nappes en toile brodées en soie blanche.

183-184 — Deux tapis de Perse à dessins variés. Ils seront vendus séparément.

DESSINS & AQUARELLES

J.-J. VAN DER BERGHE, 1779.

185 — Dessin à la plume, d'après Van der Werf. — Le piége aux souris.

BOUCHER (attribué à).

186 — Dessin au crayon noir. — Deux Amours voltigeant.

CHIAPORI.

187 — Pastel. — Tête de femme figurant la Nuit.

COLSON, 1780.

188 — Dessin rehaussé de sépia. — Intérieur d'un temple antique.

CORN. DUSART (d'après).

189 — Aquarelle. — Le marchand de poisson.

GRANET.

190 — Aquarelle. — Ruines romaines.

HEIM.

191 — Magnifique dessin au crayon noir. — La défaite des Cimbres. Œuvre capitale.

INCONNUS.

192 — Aquarelle. — La balançoire.

193 — Esquisse au crayon. — Intérieur Louis XV.

194 — Aquarelle. — Chien en arrêt. (Oudry.)

195 — Miniature sur vélin du XVIIe siècle. — La crèche.

196 — Pastel. — Jeune fille à la colombe.

197 — Gouache ancienne. — Bouquet de roses et nid d'oiseaux.

JOLY.

198 — Pastel ovale. — Portrait de Mlle Ducellier.

199 — Pastel ovale. — Portrait de femme.

LANTARA.

200 — Aquarell. — Paysage; au premier plan, groupe de chasseurs.

H. LEBAS.

201 — Aquarelle. — Le ravin de Sorrente.

202 — Aquarelle. — Vallée.

203 — Aquarelle. — Intérieur de bains antiques.

204 — Aquarelle. — Treille italienne.

205 — Aquarelle. — Fond d'un ravin.

206-209 — Aquarelles. — Six grands paysages. Souvenirs du duché de Bade.

DE LINIÈRES.

210 — Dessin à la plume. — Une haie à l'entrée d'un bois.

C. P. MARILLIER.

211 — La Présentation. Dessin à l'encre de Chine.

212 — La Demande en mariage. Dessin à l'encre de Chine.

213 — Les Conditions du contrat. Dessin à l'encre de Chine.

MEISSONNIER (dans la manière de).

214 — Dessin à la plume. Ebauche. Les Joueurs d'échecs.

P. P. PRUD'HON.

215 — Dessin aux crayons de couleurs. Tête de femme. Etude.

216 — Dessin aux crayons de couleurs. Tête de femme. Etude.

REMBRANDT (d'après).

217 — Dessin. Tête de jeune homme.

ROMANELLI (attribué à).

218 — Dessin à la plume et rehaussé. La Crèche.

Oct. SAUNIER.

219 — Aquarelle. Lièvre en arrêt.

220 — Aquarelle. Poste de faisans.

SCHNETZ.

221 — Dessin à la plume. Tête de chantre endormi et enfant de chœur.

THIENON.

222 — Sépia. Deux pendants : Vue de Rome et Moine prêchant dans un paysage.

Seront vendus séparément.

222 *bis* — Dessin à la plume. Une tête de tigre, par Eugène Delacroix.

TABLEAUX

VAN ARAADT

223 — Dame de qualité.

BLOOT (PETERS).

224 — Querelle au cabaret.

225 — Buveurs attablés à la porte d'une auberge.

Ces deux tableaux sont spirituellement touchés et du bon temps du maître.

BONNINGTON.

226 — Paysage. Au premier plan, bûcheron conduisant une barque.

ÉCOLE ESPAGNOLE.

227 — Portrait de jeune seigneur.

ÉCOLE FRANÇAISE.

228 — Portrait de femme en costume Louis XV.

229 — Portrait du roi Louis XIV jeune.

ECOLE HOLLANDAISE.

230 — Sainte Madeleine en prière.

231 — Paysage avec figures.

ÉCOLE ITALIENNE.

232 — La Vierge et l'enfant Jésus.

233 — Vénus endormie surprise par un satyre. Au premier plan, amour endormi.

ECOLE ITALIENNE.

234 — La Vierge offrant un fruit à son divin fils assis sur son bras gauche.

235 — Les trois Parques.

FRAGONARD (attribué à).

236 — Les passions de l'amour. L'Amour nu couché est entouré de flacons, jeux de cartes, etc.

GROS.

237 — Etude de femme nue. Buste.

INCONNUS.

238 — Buste de jeune fille.

239 — La Vierge et l'enfant Jésus. Dans un cadre en bois sculpté.

H. LEBAS.

240 — Paysage par un temps orageux.

241 — Entrée de forêt.

LEFÈVRE.

242 — Etude de femme nue.

243 — Etude de femme.

244 — Diane chasseresse.

LEPRINCE (attribué à).

245 — Portrait du Dauphin.

LEBRUN (attribué à Mme).

246 — Portrait de femme.

MASQUELIER.

247 — Tête de femme. Etude.

MÉLICOURT (de Dieppe).

247 *bis* — Quatre petits sujets.

RENOUX.

248 — Couvent de l'île de Capri.

RUBENS (école de).

249 — Tête de vieillard.

HORACE VERNET.

250 — Cheval de selle et deux chiens de chasse.

251 — Gibier mort.

VOLMAR (attribué à).

252 — Toréador dans l'arène.

WEENIX (attribué à).

253 — Jeune fille au perroquet.

GRAVURES & LITHOGRAPHIES

254 — L'Odalisque. Lithographie par Sudre d'après Ingres.

255 — Sujet champêtre d'après Watteau. Gravure encadrée non terminée.

256 — Six gravures par Janinet d'après Ostade. Ce lot sera divisé.

257 — Gravure anglaise d'après Peters. La Diseuse de bonne aventure.

258 — Gravure anglaise. Louis XVI et Marie-Antoinette au Temple.

259 — Vignettes et gravures par Eisen, Boucher, Queverdo, Moreau, Carle Vernet, etc., etc.

160 — Croquis par divers artistes.

www.ingramcontent.com/pod-product-compliance
Ingram Content Group UK Ltd.
Pitfield, Milton Keynes, MK11 3LW, UK
UKHW021523260726
13993UKWH00004B/1846